Nina Fuchs

Lass dein Herz lachen!

Lass dein HERZ *lachen!*

Eine Einladung zu mehr Lebensfreude

NINA FUCHS

Herausgeber: Lachzentrum GmbH
Autorin: Nina Fuchs
Umschlag- und Buchgestaltung, Illustration: Su Rihs, www.creationen.at Lektorat: Mag. Sabine Knoll, www.sohreya.net
Fotorechte: Nina Fuchs
Portraitfoto von Nina Fuchs (Umschlag):
Miriam Mehlman, www.miriammehlman.at

Verlag: Buchschmiede Dataform Media GmbH, Wien
www.buchschmiede.com
ISBN:
978-3-99118-355-6 (Paperback)
978-3-99118-356-3 (Hardcover)
978-3-99118-357-0 (E-Book)
Printed in Austria

Die Kälte der
Welt vermag
nichts gegen ein
lachendes Herz
auszurichten.

Inhaltsverzeichnis

Vorwort

Dieses Buch lädt dich ein, mehr Lachen in dein Leben zu bringen. Es ist die Antwort auf die mir gestellte Frage: Was kann ich mit der Welt teilen, um sie besser, strahlender, schöner zu machen?

Ich wurde schon vor mehr als zwei Jahren von vielen Leuten ermutigt, ein Buch über das Lachen zu schreiben, um mehr Menschen an das Lachen zu erinnern und als Anleitung zum Wiederentdecken seiner starken Kraft. Das genau im Jahr 2020 zu verwirklichen, während wir ja jetzt „wirklich nichts zum Lachen haben", ist mir ein besonderes Anliegen. Wir alle verfügen über unser Potenzial von Heiterkeit, Lebensfreude, Spaß und positiver Energie und das ist genau das, was die Welt jetzt braucht.

Es ist mir dennoch bewusst, dass es in diesen herausfordernden Zeiten fast wie eine Provokation klingt, wenn ich dich zum Lachen auffordere. Vielleicht will dich auch eine liebe Person zum Lachen motivieren, da sie dir dieses Buch geschenkt hat. Wenn uns das Jahr 2020 durch Corona und den Terroranschlag in Wien auch durchrüttelt, lade ich dich trotzdem ein, Angst, Schrecken und Panik vorbeiziehen zu lassen und in deinem Herzen Platz für Liebe und Licht zu machen. Schon Charlie Chaplin sagte, dass nichts ewig in der Welt sei, auch nicht unsere Probleme. Wir selbst können nur gut und sicher durch diese Bedingungen kommen, wenn wir von innen her leuchten und aus dem Herzen heraus agieren. Das erfordert innere Stärke.

Lachen hat die Kraft, dich innerlich zu stärken und gerade in diesen Zeiten deine Aufmerksamkeit auf das Positive zu lenken. Denn wie wir denken und handeln, wie wir unsere Umwelt und unsere Mitmenschen betrachten, beeinflusst unser inneres Potenzial, das wir positiv fördern können. Das Leben trotzdem als Wunder wahrzunehmen, egal, was im Außen passiert, ist gerade mal einen Lacher von uns entfernt!

Lachen in diesen Zeiten ist nicht fehl am Platz, sondern befreiend! Es ist eine evidenzbasierte Methode aus der positiven Psychologie und der Logotherapie. Durch seine enorme gesundheitliche Wirkung bekommt es auch in der Gesundheitsvorsorge einen immer größeren Stellenwert. Ich lade dich ein, dich auf die Magie des Lachens einzulassen. Damit auch du durch lachen die Quelle deines eigenen Energiepotentials freilegen kannst und von innen her leuchtest.

Mit lachenden Grüßen
Nina Fuchs

Lachen ist Leben

Die Kraft des Lachens spüren

Atem ist Leben: Deshalb wird der Atem auch als Lebensenergie bezeichnet. Unsere Atmung können wir willentlich beeinflussen und damit sowohl unsere Lebensenergie erhöhen als auch Blockaden lösen. Lachen gibt uns die Möglichkeit, unsere Atmung zu intensivieren und gleichzeitig zu entschleunigen.

Energie: Wenn du lachst, führst du deinem Körper und insbesondere deinem Gehirn ganz schnell viel Sauerstoff zu. Mehr Sauerstoff bringt eine viel bessere Durchblutung und gleichzeitig wird dein Körper gereinigt. Beides verschafft dir mehr Energie.

Glücksbotenstoffe: Durch Lachen kurbelst du dein körpereigenes Glückslabor im Kopf an! Es wird ein Vermögen in die Forschung gesteckt, um zu erkunden, was bei uns im Kopf vor sich geht – bis jetzt zum Großteil erfolglos. Wir haben alle unser eigenes Glückslabor – nützen wir es! **Vorteil:** Unser Glückslabor schüttet schon nach kurzer Zeit beim Lachen Glücksbotenstoffe aus, auch wenn du „nur" Lachübungen machst. Du fühlst dich besser, auch wenn dir vorher nicht zum Lachen zumute war. Für dieses gute Ergebnis dürfen wir unseren Körper durch Lachübungen ein wenig austricksen.

- **Neue Gedanken:** Wenn du lachst, kannst du nicht denken. Deine Gedanken werden unterbrochen, weil sich dein Gehirn „ausschaltet“. So gibt es Platz für neue Gedanken und die Gelegenheit für einen Sichtwechsel. Neue Lösungen, neue Ideen, die uns vorher verborgen waren, können an die Oberfläche kommen, dürfen ihren Platz finden.

- **Lachen ist ein gesundheitlicher Turbo:** Lachen kurbelt dein Herz-Kreislauf-System an, du wirst aktiver. Lachen wirkt positiv auf dein Nervensystem, deswegen hat es eine entspannende Wirkung. Lachen massiert deine Organe. Diese innere Massage entspannt und dein Stoffwechsel wird angeregt, dein Körper wird unter anderem dabei entgiftet. Lachen reduziert die Produktion der Stresshormone Cortisol und Adrenalin, somit kannst du Stress leichter abbauen und fühlst dich dadurch leichter. Lachen stärkt dein Immunsystem, indem es die Anzahl deiner natürlichen Killerzellen erhöht.

- **Ein weiterer Vorteil des Lachens:** Du hast es immer mit dabei und kannst es jederzeit leicht anwenden. Es ist in dir, du brauchst keine weiteren Hilfsmittel und niemand anderen dafür, du kannst selbst etwas verändern. Das macht dich unabhängig. Dein Körper kann nicht unterscheiden, ob du eine Lachübung anwendest oder ob du gedanklich etwas lustig findest und darüber lachst.
  Der Vorteil von Lachübungen: Du musst nicht warten, bis etwas Lustiges passiert. Denn manchmal kann es länger dauern oder passiert gar nichts Lustiges. Besser, du erhöhst deine Energie selbst, indem du lachst.

Das eigene Lachen finden

Wenn du das Lachen als Körperübung betrachtest, kannst du lachen ohne Grund. Du lernst zu lachen, unabhängig von den äußeren Bedingungen. Du gewinnst damit die Möglichkeit, deine Glücksgefühle gewollt zu steuern, wenn du willst. Du kannst die Ausschüttung deiner körpereigenen Endorphine mobilisieren. Das geht, wann du willst und wo du willst, vorausgesetzt, du willst. Es geht hier auch um deine Entscheidung: Wenn du dich entschließt, deine Energie durch das Lachen zu erhöhen, dann tue es. Wenn du jetzt nicht willst, dann lasse es, vielleicht kommt später die Eingebung: So, jetzt bin ich bereit, etwas zu ändern.

So wie jeder Neuanfang ist auch das Lachen, wenn du momentan wenig lachst, anfangs eine Übung, damit du wieder in Schwung kommst, so wie laufen, Rad fahren, eine neue Sprache lernen ...

Die nachfolgenden Lachübungen, Lachimpulse und Geschichten zum „Lachdenken" sollen dich dabei unterstützen.

Die Lachübungen beinhalten Körperübungen aus dem Lachyoga, mit ihnen kannst du lernen unabhängig zu lachen und hast eine Menge Spaß mit dir selbst.

Die Lachimpulse sollen Ermutigungen für dich sein, um auch in schwierigen, herausfordernden Zeiten dein Lachen freilegen zu können und die Motivation zu haben wieder zu lachen.

Die Geschichten zum Lachdenken sollen dich zur Inspiration und Reflexion anregen.

Alles soll dich unterstützen, dein Lachen (wieder) zu entdecken, zu forcieren und Spaß daran zu haben. Schenk dir jeden Tag Zeit, um dein Lachen zu trainieren.

Dein persönliches Geschenk: Wenn du geübt bist, dann sinkt deine Reizschwelle. Du kannst schneller und leichter lachen, deine Lachmuskeln sind gelockert, geschmiert und trainiert.

Lachend dem Alltag begegnen

Wenn du die Vorteile entdeckt und erkannt hast, dann triff die Entscheidung und lebe dein Lachen. Lachen gewollt zu leben, beginnt damit, es täglich umzusetzen. So wie Zähneputzen und duschen sollte es zu deiner Routine gehören, täglich zu lachen, z. B. als Morgenübung. Du kannst es verbinden und gleich in der Dusche lachen oder wenn du dein Kaffeehäferl in die Hand nimmst. Für die Morgenmuffel unter euch vielleicht erst nach dem ersten Kaffee. Finde deinen persönlichen Lach-Anker (Anker setzen kommt aus dem Mentaltraining, darunter versteht man u. a. eine Verbindung zu einem Gefühl oder einer Erinnerung herzustellen, z. B. durch Bilder zur Erinnerung oder im Körper durch Berührung abzuspeichern und bei Bedarf wieder abzurufen). Entdecke dein Lachritual, das zu dir passt, abgestimmt auf deinen persönlichen Rhythmus. Du beginnst den Tag gleich viel besser, wenn du mit dir selbst lachst.

Deine Grundstimmung wird sich verändern: Du wirst gelassener, du wirst entspannter. Du wirst bewusster und bist eher in der Lage, wahre Freude und Glückseligkeit zu spüren.
Du kannst dann auch lachen, wenn dir nicht danach zumute ist, denn dein Gehirn hat gelernt, es wie eine Übung aufzufassen. Wenn du durstig bist, trinkst du, wenn du hungrig bist, isst du, wenn du deine Laune verändern willst und deinen Emotionen Luft machen, lachst du.
Lebe die Magie und die Kraft des Lachens, unabhängig von den äußeren Umständen, die dir das Leben präsentiert. Lachen ist wie eine innere Sonne, stärke sie und lass sie nach außen strahlen! Glaube mir, egal was kommt, lache und das Leben lacht zurück. Auch wenn es vielleicht nicht gleich zu sehen ist.

LACHDENKEN

Das Märchen von den 1000 Spiegeln

Auf einem Berg stand ein wunderschöner goldener Tempel. Er strahlte und glitzerte in der Sonne. In seinem Prunksaal hatte der Tempel 1000 Spiegel.

Eines Tages entdeckte ein Hund diesen wunderschönen Tempel. Er trat neugierig ein und sah sich plötzlich 1000 anderen Hunden gegenüber. Er erschrak furchtbar, sträubte seine Nackenhaare, klemmte seinen Schwanz zwischen die Hinterbeine, fletschte seine Zähne, bellte laut und sprang aufgeregt umher. 1000 andere Hunde fletschten ihre Zähne, sträubten ihre Nackenhaare, bellten und sprangen wild umher. Der Hund verließ fluchtartig voller Panik den Tempel. Angstvoll lief er davon mit der Ansicht, die Welt bestehe nur aus wilden, die Zähne fletschenden Hunden.

Nach einiger Zeit kam ein anderer Hund den Berg hinauf zum Tempel. Er betrat den Saal mit den 1000 Spiegeln und freute sich, so viele andere Hunde zu sehen. Er wedelte mit dem Schwanz, schüttelte freudvoll seinen Kopf und forderte die anderen Hunde zum Spielen auf – und 1000 andere Hunde begrüßten ihn freudig und spielten mit ihm.

Glückselig verließ er den Tempel mit der Überzeugung, die Welt bestehe nur aus freundlichen Hunden.

(Fabel aus Indien, Verfasser unbekannt)

Stelle dir jeden Tag die Welt mit vielen Spiegeln vor. Es ist unsere Einstellung, die Art, wie wir der Welt begegnen, die den Unterschied macht. Denn jede Beurteilung einer Situation, ob lachen oder Zähne fletschen, ist nur ein Standpunkt, eine von vielen möglichen Betrachtungsweisen. Wenn du in sie hineinlächelst, wird die Welt zurücklächeln.

Probiere es aus! Heute schon jemanden angelächelt?

Wer den Tag
mit einem Lachen
beginnt, hat ihn
bereits gewonnen.

(Cicero)

LACHIMPULS

VERSCHENKE EIN LÄCHELN

Mache selbst das Spiegel-Experiment und lächle deine Mitmenschen bewusst an. Verschenke dein Lächeln großzügig. Nicht jeder wird zurücklächeln, bevor du dich allerdings darüber ärgerst, denke dir, dass dieser Spiegel vielleicht angelaufen ist. Manche Menschen sind auch sehr verdutzt, da sie es nicht gewöhnt sind, von fremden Menschen angelächelt zu werden. Doch lass dich nicht abhalten, gehe lächelnd deinen Weg!

Zur Steigerung suchst du dir dann bewusst einen Miesepeter oder eine Miesepetra aus, du kennst solche Menschen bestimmt. Der Arbeitskollege, die Frau an der Ecke oder der Nachbar, vielleicht sogar jemand in deiner Familie, egal wer, schenke ihr/ihm dein herzlichstes Lächeln, denn genau diese Menschen haben ein freundliches Gesicht am nötigsten.

Lasse dich überraschen, sei gespannt auf die Reaktionen. Wiederhole die Übung, dein Lächeln zu verschenken, so oft wie möglich. Bis es dir in Fleisch und Blut übergegangen und in deinem Gehirn abgespeichert ist, die Welt durch dein Lächeln zu erhellen.

Dein positiver Nebeneffekt: Auch du fühlst dich dadurch gleich besser!

GESICHTSMUSKELTRAINING

Ziehe willentlich deine Mundwinkel in die Höhe, so hoch du kannst. Ein Stück höher geht noch und jetzt halte diese nach oben gezogenen Mundwinkel mindestens eine Minute. Einfach wirken lassen. Nach ca. 60 Sekunden verändert sich deine Stimmung, Zufriedenheit stellt sich ein. Du brauchst sonst nichts Großartiges tun, nur deine Mundwinkel nach oben ziehen und halten. Anfangs kommst du dir vielleicht ziemlich blöd vor. Doch auch, wenn du dir blöd vorkommst, mach einfach weiter, bis das Gefühl von blöd in ein entspannendes „mmmm, tut das gut" übergeht.

OHRLÄPPCHEN-MASSAGE

Fasse mit der rechten Hand dein linkes Ohrläppchen und mit der linken Hand dein rechtes Ohrläppchen. Jetzt massiere beide Ohrläppchen und kichere dazu. Wandere dabei mit den massierenden Händen deine Ohren entlang nach oben und wieder nach unten. Massiere lustvoll, lachend deine Ohren, das aktiviert deine Energie. Hihihaha!

HIHIHAHA

Beim *Lachen* wird viel effektiver ausgeatmet, danach automatisch bis in den Bauchraum eingeatmet. So bekommt dein Körper viel mehr Sauerstoff. Das ist wunderbar für deinen Körper und insbesondere für dein *Gehirn*.

DER STREIT ZWISCHEN WIND UND SONNE

Eines Tages stritten der Wind und die Sonne, wer von ihnen denn überlegen sei. Da kam ein Wanderer des Weges und brachte sie auf eine Idee. Sie wollten sich daran messen, wer es schneller schaffen würde, ihn seine Jacke ausziehen zu lassen.

„OK", meinte der Wind und legte los. Er blies so fest er nur konnte. Er war ganz in seinem Element, stürmte und schickte eine Windböe nach der anderen auf die Erde, um dem Wanderer seine Jacke zu entreißen. Doch dieser schloss nur seine Jacke und zog sie mit aller Kraft an sich. Der Wind gab schließlich auf.

Nun kam die Sonne aus den Wolken hervor und schickte ihre liebevollen, wärmenden Strahlen auf die Erde. Der Wanderer freute sich über die Sonnenstrahlen. Es dauerte nicht lange, da öffnete er seine Jacke und wenig später zog er sie ganz aus.

(Aesop, griechischer Dichter)

Auch du hast immer die Entscheidung, ob du Wind oder Sonne bist!

Stürmst oder tobst du und bringst deine Mitmenschen dazu, in Deckung zu gehen oder sich vor dir zurückzuziehen? Ihre Ohren können vor lauter Lärm nicht mehr horchen, die Augen nehmen zum Schutz nichts mehr wahr und die Herzen verschließen sich vor dir.

Oder wählst du für dich den lächelnden Weg? Gehst du strahlend durch die Welt und verbreitest Freude? Nutzt du die Kraft, die Herzen deiner Mitmenschen zu erwärmen und zu öffnen?

Was möchtest du sein: Sonne oder Wind?

Welche Wirkung möchtest du erzielen?
Du triffst die Entscheidung in jedem Augenblick deines Lebens.

Nichts in
der Welt wirkt
so ansteckend
wie Lachen und
gute Laune.

(Charles Dickens)

LACHIMPULS

FÜHRE EIN LACHTAGEBUCH

Bastle dir ein Lachtagebuch. Male, sprühe, klebe, gestalte es bunt, glitzernd oder einfärbig. Oder suche dir ein fertiges schönes Heft aus, eines, das dir schon beim Anschauen gute Gefühle bereitet. Schreibe jeden Abend auf, worüber du heute gelacht hast. Halte kurz inne und überlege: Was hat dich heute zum Lachen gebracht? Jedes Schmunzeln, Kichern oder Grinsen, und sei es noch so klein oder kurz gewesen, zählt schon, da auch das kleinste Lächeln sehr viel bewirkt. Es kann sein, dass du deinem Gedächtnis auf die Sprünge helfen musst, um Lachmomente zu finden. Vielleicht fällt es dir anfangs schwer, da wir so programmiert sind, uns das Negative zu merken. Doch was du aufschreibst, fokussierst du und gibst somit deinem Gehirn den Befehl, danach Ausschau zu halten.

Wenn du heute Abend nichts entdeckst, dann konzentriere dich darauf und du wirst am nächsten Tag automatisch offener sein, Lach-Gelegenheiten zu finden.

Den Samen, den wir aussäen, ernten wir. Wenn du mehr zum Lachen haben möchtest, dann befasse dich damit!

GEDANKEN AUS DEM KOPF LACHEN

Lege die Finger deiner rechten Hand an die rechte Schläfe und tu so, als ob du an einer Schnur ziehen würdest. Auf diese Weise ziehst du deine dich nervenden Gedanken langsam aus deinem Kopf. Mit lautem Lachen ziehst du alles heraus und mit Schwung und Lachen schmeißt du es auf den Boden. Lachend trampelst du auf den nervenden Gedanken herum.

STANDPUNKT ÄNDERN

Mache ganz bewusst einen Schritt auf die Seite und unterstütze dich dabei mit dem Satz „Es ist jetzt anders, ich verändere meine Perspektive“. Sprich ihn lachend laut aus! Wenn deine Umgebung momentan lautes Lachen nicht zulässt, dann schmunzle und ändere still und leise deine Perspektive.

Lachen IST
EIN KOMPLETTES PAKET FÜR
DAS KÖRPERLICHE, MENTALE UND
SOZIALE WOHLBEFINDEN EINES
MENSCHEN. ES IST DAS PERFEKTE
**Gesundheits-
training.**

Smile

LACHDENKEN

DAS SCHILFROHR UND DER ÖLBAUM

Ein Schilfrohr und ein Ölbaum wuchsen eng nebeneinander auf einem Feld. Das Schilfrohr bewegte sich zart im Wind und der Ölbaum ragte majestätisch in die Höhe. Eines Tages zankten sie sich, ob denn im Leben Stärke und Härte die wichtigsten Eigenschaften wären oder Flexibilität und Hingabe.
Der Ölbaum zeigte auf sich und meinte voller Stolz, wie hart und stark er doch sei im Gegensatz zum Schilfrohr. Das Schilfrohr hörte ihm zu, entgegnete aber nichts.
Eines Tages zog ein gewaltiger Sturm auf, er peitschte heftig über das Feld. Das Schilfrohr erzitterte und wurde von den Windböen hin und her gebeutelt. Doch nach dem Sturm schüttelte es sich und streckte sich wieder der Sonne entgegen.
Der Ölbaum versuchte, mit Stärke und Härte dem Wind zu trotzen, doch er wurde von der Riesenkraft des Sturmes gebrochen.

(Aesop, griechischer Dichter)

Lachen bewahrt uns nicht vor Auseinandersetzungen und dem rauen Wind des Lebens. Kämpfen für uns oder eine gute Sache kann aufregend sein, doch irgendwann, wenn wir nicht auf uns achten, sind wir erschöpft und im schlimmsten Fall zerbrechen wir wie der Ölbaum. Wenn wir jedoch flexibel bleiben und biegsam wie ein Schilfrohr, können wir Herausforderungen leichter annehmen und bewältigen. Wir sind bereit, uns den Wellen des Lebens voll und ganz hinzugeben. Wir biegen uns, das heißt nicht, dass wir uns verbiegen, sondern wir schwingen mit dem Leben. Das Leben selbst ist ein konstanter Energiefluss und wir vertrauen, dass wir, auch wenn wir fallweise unten sind, wieder an Höhe gewinnen. Wir zerbrechen nicht, weil wir elastisch und geschmeidig sind, und lösen uns von Kämpfen und starrer Haltung, weil wir andere, gewinnbringendere Lösungen finden.

Wie flexibel bist du im Annehmen von Krisensituationen?
Verfällst du in Starre?
Bleibt dir die Luft weg?
Fühlst du dich ohnmächtig, denkst du, keine Macht im Hinblick auf die Geschehnisse zu haben?

Lachen verleiht dir eine dynamische Belastbarkeit, um freudvoll in den Anforderungen des Lebens aufzublühen.

Entscheide dich dafür!

Was der
Sonnenschein
für die
Blumen ist,
das sind
lachende Gesichter
für die Menschen.

(Joseph Addison)

LACHIMPULS

LACHSAMMELSURIUM

Wenn du etwas Lustiges siehst oder liest, konzentriere dich darauf. Nimm es bewusst wahr. Denn deine Energie folgt deiner Aufmerksamkeit und Konzentration. Also lenke sie auf das Lustige, auf heitere Ereignisse, auf die Freude im Leben.

Mach ein Foto oder einen Screenshot davon, schreib dir eine Notiz dazu. Richte dir am Handy einen Ordner mit dem Titel „Lachen“ ein, wo du dies alles abspeicherst. Sammle lustige Zitate und Sprüche. Je mehr du davon besitzt, umso eher bietet sich dir die Chance, dich wieder daran zu erinnern.

So hast du die Möglichkeit auch in nicht so lustigen Zeiten schnell darauf zurückzugreifen. Du kannst dich dann wieder auf die lustige Seite des Lebens fokussieren.

Dein „Lach-Ordner“ ist dein Lach-Anker.

HANDYLACHEN

Schau auf das Display deines Handys oder nimm dir ein Buch, eine Zeitung. Stell dir vor, du siehst gerade etwas Lustiges oder du liest in der Zeitung etwas zum Lachen. Und jetzt lachst du los. Vielleicht anfangs nur leise hihihaha, einfach vor dich hin kichern, doch es kann auch lauter werden. Wie oft haben wir schon Leute an ihrem Handy lachen gesehen oder gehört? Also keine Angst, dass du auffällst, einfach loslachen!

LACH-COCKTAIL

Stell dir vor, dass du wie ein Barkeeper zwei Messbecher hast, einer ist voll mit ganz viel Lachen, guter Laune, Freude, Heiterkeit. Du schüttest den einen Becher in den zweiten mit Hohoho, dann wieder retour in den ersten Becher mit Hahaha und nochmals mit Hohoho zurück in den zweiten. Dann wird dieser Lachmix mit einem lauten Lacher getrunken. Du spürst, wie die Freude über das Lachen durch deinen Körper fließt und jede Zelle mit Lachen erfüllt wird.

Lachen massiert deine Organe, das entspannt von innen. Ebenso hat Lachen einen positiven Einfluss auf deine Gefäße, deinen Blutdruck und deine Atmung. Es ist wie **Kurzurlaub.**

Es war einmal ein Suchender

Er suchte nach einer Lösung für sein Problem und konnte sie nicht finden. Er rannte hin und her, seine Gedanken drehten sich im Kreis und er wurde immer verkrampfter und verbissener. Doch die Lösung wollte sich nicht zeigen.

Die Lösung jedoch war schon atemlos, ihre Kräfte schwanden, denn sie konnte den Suchenden nicht einholen. Sie war nicht schnell genug, bei diesem Tempo konnte sie nicht mithalten. Der Suchende hielt einfach nicht inne, um zu verschnaufen. Völlig entkräftet wollte die Lösung schon aufgeben.

Doch auch den Suchenden verließen die Kräfte und mutlos, fix und fertig von seinem Problem, setze er sich auf eine Bank und streckte die Beine von sich.

Die Lösung, die selbst schon am Ende ihrer Kräfte war, stolperte plötzlich über den Suchenden. Der Suchende spürte ein Rumpeln und fing auf, was da über ihn stolperte. Dabei bemerkt er erstaunt, dass er seine Lösung in Händen hielt.

(Quelle unbekannt)

Geht es dir auch manchmal so, dass du weißt oder spürst, du bist kurz vor der Lösung, aber sie zeigt sich (noch) nicht?

Da hilft nur innehalten und durchatmen oder den Körper durchlachen, um die Stresshormone wieder zu senken und einen klaren Kopf zu bekommen. Mit klarem Kopf zeigen sich die Lösungen leichter. Da du beim Lachen deinem Körper sehr viel Sauerstoff zuführst, bekommt dein Gehirn auch wieder mehr Energie. Eine Lachpause bringt also Energie und stoppt die Gedanken. Lösungen werden schneller sichtbar.

Probiere es aus! Damit es auch in Extremsituationen klappt, ist es hilfreich, schon vorher zu üben und dir eine Lieblingslachübung auszusuchen. Dann kannst du diese schnell abrufen, wenn du sie brauchst.

Hast du schon eine Lieblingslachübung?

Kein Geist ist
in Ordnung,
dem der Sinn
für Humor fehlt.

(Samuel Coleridge)

LACHIMPULS

SUCHE DIR GLEICHGESINNTE

Mache dir eine Liste deiner Freundinnen und Freunde sowie Bekannten. Jetzt gehe die Liste durch und stelle dir konzentriert folgende Fragen, der erste Impuls einer Antwort zählt:

Welche Menschen bringen dich zum Lachen?
Mit welchen Menschen fühlst du dich wohl?
Mit welchen Menschen kannst du wirklich Spaß haben?

Wer sind die Leute, die immer nur jammern und Energie kosten?

Jetzt triffst du die Vereinbarung mit dir, dass du die Kontakte zu jenen Menschen, mit denen du Lebensfreude spürst, lachen und Spaß haben kannst, wo dein Herz hüpft, mehr forcierst. Die Treffen mit den anderen reduziere auf das Notwendigste.

Schon das bringt wesentlich mehr Lachen in dein Leben.

Lachduschgel

Stell dir vor, du seifst dich mit einem Lachduschgel ein. Das Duschgel ist weich, fühlt sich auf deiner Haut kuschelig und pflegend an. Es kitzelt wohltuend, es tut dir wunderbar gut und du kannst nicht anders als lachen. Nimm wahr, wie wohl es deiner Haut tut, wenn du dich mit Lachen einseifst. Reib dich richtig damit ein und lass dein Lachen dabei immer lauter werden.

Lachcreme

Du hast einen großen Topf voller Lachcreme, diese ist seidig weich, zart und duftend. Wenn du diese Lachcreme aufträgst, wird die Haut mit Lachnährstoffen versorgt, sodass jede Zelle lachen kann.
Fang im Gesicht an, die Mundwinkel nach oben streichend, auch beim Hals hinaufstreifen, und dann creme mit Lachen deinen Bauch, deine Arme, deine Beine, deinen Hintern ein. Jede Stelle deines Körpers wird mit Lachen einbalsamiert.
Spüre die wohltuende Wirkung deiner Lachcreme, dein Körper ist erfrischt und genährt.

Eine Stunde
intensives Lachen
verbrennt ungefähr gleich viel
Kalorien wie 30 Minuten
Gewichtheben!

LACHDENKEN

FREUD UND LEID

Zwei Freunde stritten, ob zuerst die Freude oder das Leid entstanden sei. Einer sagte: „Es ist doch unmöglich, wirkliche Freude zu fühlen, wenn man vorher nicht das Gefühl von Leid gekannt hat."

Der andere wiederum meinte: „Nein, du musst zuerst wissen, wie sich Freude anfühlt. Du solltest die Kraft der Freude gespürt haben, sonst hast du nicht die Kraft, Leid zu ertragen. Ohne diese Erfahrung weißt du nicht, dass das Leben auch anders sein kann – freudvoll nämlich!"

Schließlich stellten sie ihre Frage einem weisen Meister.

„Ihr habt beide recht", entgegnete er beschwichtigend, „denn Freude und Leid wurden gleichzeitig erschaffen. Das Leben ist wie eine Münze: Auf der einen Seite ist die Freude, auf der anderen Seite das Leid – beides gleichzeitig. Eines ist ohne das andere nicht denkbar. Eines kann ohne das andere nicht existieren. Es gibt keine Münze mit nur einer Seite, daher gibt es auch kein Leben, in dem ausschließlich Freude oder Leid auftritt. Nichts ist ewig. Jeden Tag wird die Münze neu geworfen, einmal ist die Freude oben, einmal das Leid. Es ist ein ständiger Wechsel. Das Gegenteil ist bloß in dem Moment nicht sichtbar. Doch das Leben besteht immer aus beidem."

(Märchen aus Arabien)

Lachen bewahrt dich nicht vor Kummer. Denn auch Kummer gehört zum Leben. Vielleicht wirst du sogar schneller weinen, denn wenn du durch das Lachen dein Herz öffnest und deine Emotionen nicht mehr unterdrückst, kann es sein, dass auch deine Tränen schneller beginnen zu fließen. Doch dafür fällt auch das Lachen leichter. Lachen und Weinen liegen sehr eng beieinander.

Es geht nicht darum zu beurteilen, wie leicht und schnell sich die Münze mit ihren beiden Seiten Freude und Leid drehen kann, sondern wie gut du damit zurechtkommst.

Wenn du willst und mit ein wenig Übung kannst du darauf Einfluss nehmen, wie du damit zurechtkommst.

Lachen ist
wie Aspirin,
es wirkt
nur doppelt
so schnell.

(Groucho Marx)

LACHIMPULS

„LÄCHELN-INS-GESICHT-ZAUBER-COLLAGE"

Nimm dir Zeit, um kreativ zu sein. Es ist sehr einfach, macht Spaß und dein inneres Kind wird sich freuen.

Überlege vorweg, welche Farben, welche Landschaften oder Städte, welche Hobbys oder Sportarten dich zum Lächeln bringen.

Welches Essen oder welche Getränke, welche Dinge, die du vielleicht im ersten Moment für banal hältst, auch Momente aus deinem Alltag, welche Rituale machen dich glücklich?

Such dir passende Motive im Internet oder in Zeitschriften, vielleicht auch aus deinen Fotos und erstelle dir daraus eine bunte, leuchtende Collage, die die Magie besitzt, dich immer wieder zum Lächeln zu bringen.

Hänge oder stelle sie an einen Ort, den du oft siehst, damit sie ihren Lächel-Zauber voll entfalten kann. Vielleicht magst du sie auch als Hintergrundbild auf deinem Handy speichern. Wichtig ist, dass du sie immer wieder siehst, um daraus Kraft, Freude und Lachenergie zu schöpfen.

LACHFÜHLER

Begrüße dich lachend im Spiegel, indem du dir vorstellst, dass dir aus dem Kopf zwei kleine Fühler wachsen, die sogenannten Lachfühler, wie kleine Antennen. Halte zur Unterstützung dieses Bildes deine beiden Zeigefinger oben an den Kopf. Diese begrüßen dich im Spiegel, hin und her wackelnd wie bei einem Marsmännchen, während du lachst.

LACHBRILLE

Alles, was du durch deine Lachbrille siehst, ist zum Lachen und bringt dich zum Lachen. Forme mit den Zeigefingern und Daumen deiner beiden Hände zwei Ringe, halte diese Fingerkreise vor deine Augen, als würdest du eine Brille aufsetzen. Schaue durch diese Brille und lache. Du kannst die Lachbrille auch wie ein Fernglas schärfer stellen, damit du noch mehr zum Lachen siehst.

Lachen IST WIE TANZEN,
ES VERBRENNT KALORIEN UND
STÄRKT DEINE MUSKELN. DEIN
GANZER KÖRPER WIRD DURCH-
GERÜTTELT UND GELOCKERT.

Dreh die Musik auf!

LACHDENKEN

Der Meister und seine Schüler

Ein Meister hatte zwei Schüler. Der eine war ein Musterschüler, er nahm die Aufgaben und Übungen des Meisters sehr ernst. Er lernte Tag und Nacht und vertiefte sich in sein Studium. Der andere jedoch wollte sein Leben genießen, er lachte lieber und nahm auch das Studium von der heiteren Seite.

Eines Tages ging der Meister in den Wald und sah seinen Musterschüler tief und angestrengt in seine Meditation versunken. Der Schüler bemerkte den Meister und fragte ihn: „Meister, wie viele Leben brauche ich noch bis zur Erleuchtung?“ Der Meister ging in sich, überlegte kurz und meinte: „Zwei bis drei Leben.“

„Oh, zwei bis drei Leben“, stöhnte der Schüler und bedrückt meditierte er weiter.

Der andere Schüler hatte die Frage gehört und wollte nun auch von seinem Meister wissen, wie lange er noch bis zu seiner Erleuchtung bräuchte. Der Meister schaute ihn ernst an und meinte dann: „Noch etwa 1000 weitere Leben!“

„Juhu, noch weitere 1000 Leben!“, jubelte der Schüler und hüpfte freudestrahlend in den Wald. Im selben Moment war er erleuchtet.

(Zen-Geschichte)

Wie der eine Schüler neigen wir dazu, uns auf das tägliche Tun, das, was wir glauben tun zu müssen, zu reduzieren und verwechseln das mit dem Leben. Wir wundern uns, dass dabei die Lebensfreude verloren geht. Wann hast du aufgehört, einfach etwas zu tun und es nicht am Ergebnis zu messen?
Kinder lachen bis zu 400-mal am Tag ohne Grund, Erwachsene kommen leider nur auf 12-mal. Beobachte Kinder, sie lachen einfach so. Hole dir deine Freude zurück!
Lauf los wie ein Kind, um das Leben zu umarmen, und wenn du hinfällst, dann steh wieder auf und lauf mit aufgeschürftem Knie weiter. Lache, tanze, singe, hüpfe, spiele, bring Leben in dein Leben!
Spüre, wie wunderbar das Leben ist. Sei frech, wild und wunderbar, lausche, rieche, schaue, beobachte und sei präsent. Sei offen und lass deinen Träumen freien Lauf, damit wieder Wunder geschehen können.

Selig sind die
Stunden
des Nichtstuns,
denn in ihnen
arbeitet
unsere Seele.

(Egon Friedell)

LACHIMPULS

DEINE LÄCHEL-MUSIKLISTE

Töne aktivieren vornehmlich Hirnbereiche, die für Gefühle wie Freude, aber auch Sehnsucht oder Trauer zuständig sind. Neben dem unmittelbaren Einfluss auf unser vegetatives Nervensystem kann Musik die in unserem Gedächtnis gespeicherten Erinnerungen abrufen. Du hörst ein Lied und denkst an eine bestimmte Person oder ein Ereignis, ganz automatisch.

Nütze diese Wirkung der Musik und sammle Musikstücke, bei denen du fühlst, sie wirken auf dich fröhlich, paradiesisch, erfreulich, heiter oder auch erotisch. Allein, diesen Musikstücken zu lauschen, kann deine Laune heben und dich zum Lächeln bringen.

Speichere deine Sammlung griffbereit ab, sodass du sie schnell hören kannst, um deine Stimmung zu beleben. Vielleicht magst du auch ausprobieren, in der Früh nach dem Aufstehen erst deine Happy-Musik zu hören und die Morgennachrichten später.

Die Lachtonleiter

Jeder Sänger, jede Sängerin hat bestimmte Aufwärmübungen zum Einsingen und um sich einzustimmen. Du kannst dich mit deiner Lachtonleiter einlachen und auf Glücksgefühle einstimmen. Die Lachtonleiter tönt von unserer Körpermitte über das Herz bis nach oben zu unserem Kopf. Atme tief ein und bei jedem Ausatmen lachst du einen Selbstlaut. Du beginnst mit einem

U – huhuhuhuhuhuhuhuhu huhuhuhuhu-hu.
Einatmen und dann
O – hohohohoho hohohohoho.
Wieder tief atmen und weiter mit
A – hahahahahaha hahahaha hahahahaha.
Das wird jetzt meist schon lauter.
Wieder einatmen und es folgt das
E – hehehehehehe hehehehehehehehehe.
Zum Abschluss ein tiefer Atemzug und jetzt kommt noch das
I – hihihihihihihi hihihihihi hihihihihihi hihi.

Um das wohlige Gefühl zu spüren, das sich in deinem Körper ausbreitet, noch ein genießerisches Summen:
mmmmmmmmmmmm.
Für den besten Erfolg wiederholst du deine Lachtonleiter 3-mal!

Lachen hat einen direkten Einfluss auf dein Nervensystem. Das bringt Entspannung und führt zu Leichtigkeit und Gelassenheit.

LACHDENKEN

DER SORGENBAUM

In einem Dorf stand eine uralte Eiche. Da die Dorfbewohner so viel jammerten und klagten, forderte der Dorfälteste sie auf, ihre Sorgen und Probleme in ein Päckchen zu packen und auf den Baum zu hängen. Die einzige Bedingung war, sie mussten sich dafür ein anderes Päckchen vom Baum nehmen, also ein Packerltausch.
Alle Dorfbewohner waren einverstanden, wollten sie doch ihre Sorgen und Probleme schnellstens loswerden. So packten sie ihre Päckchen, hängten diese auf den Baum und nahmen sich dafür jeweils ein anderes Päckchen mit nach Hause.
Doch plötzlich brach eine große Unruhe im Dorf aus. Die Dorfbewohner beschwerten sich beim Dorfältesten, dass die Sorgen, die sie mitgenommen hatten, viel größer waren und schwerer wogen als ihre früheren eigenen. Solche Probleme wollten sie nicht haben. Sie entdeckten, dass ihre eigenen Sorgen ihnen viel vertrauter waren, dass sie mit diesen schon besser umgehen konnten. Und der Älteste schmunzelte.
Es dauerte nicht lange, da packten alle die fremden Sorgen wieder in ein Päckchen und brachten dieses zur Eiche zurück. Sie holten sich ihre eigenen Sorgen zurück und gingen damit zufrieden nach Hause.

(Märchen aus Indien)

Verfällst du auch manchmal in den Glauben, den anderen Leuten ginge es viel besser? Sie hätten keine Sorgen, sie hätten ein besseres Leben? Meine Oma pflegte schon immer zu sagen: „Die Kirschen in Nachbars Garten sind immer besser!“

Vergleichen ist immer schlecht, denn es schwächt unsere Lebensenergie. Wir sind dabei mit unserer Konzentration nicht auf uns selbst gerichtet, sondern lassen uns von den äußeren Umständen ablenken. Wir verlieren den Blick auf all das, was wir schon haben. Bleibe bei dir und lass die anderen sein. Jeder hat sein Päckchen zu tragen und ist selbst verantwortlich, wie er damit umgeht.

Die Kirschen im eigenen Garten sind die besten!

Lachen ist Leben und umgekehrt.

(Oscar Wilde)

LACHIMPULS

MENTALER LACH-ANKER

Wenn du das Gefühl hast, es gibt nichts zu lachen, dann erinnere dich an die letzte Situation, in der du wirklich herzhaft lachen konntest. Wer oder was war der Auslöser, der dich zum Lachen brachte? War es gestern oder letzte Woche, vielleicht ist es auch schon länger her? Egal, wie lange es zurückliegt, hole es dir ins Gedächtnis. War es in der Familie, in einer Freundesgruppe? War es am Arbeitsplatz? Vielleicht hast du einen lustigen Film gesehen?

Tauche noch einmal in dein Lachen ein. Wie hat sich das angefühlt? Wie hat sich dein Lachen angehört? War es ein lautes, schallendes Lachen oder ein leises Glucksen? Vielleicht auch ein genießerisches, erlösendes Lachen? Welches Gefühl hat sich nachher in deinem Körper breitgemacht? Erinnere dich!
Was war der Auslöser? Was bringt dich in gute Stimmung?

Diese wachgerufenen Erinnerungen haben die Kraft, dir jetzt wieder ein Lächeln ins Gesicht zu zaubern. Diese Lach-Erinnerungen sind die Samen für weitere heitere Ereignisse.

MENTALSEIDE-LACHEN (ZAHNSEIDE FÜR DAS GEHIRN)

Wickle die Mentalseide (wie Zahnseide) in deiner Vorstellung um deine Finger, dann legst du die Seide, die allerdings dicker als Dentalseide ist, bei deinem Kopf an. Bewege die Hände hin und her, als würdest du mit der Mentalseide das Gehirn putzen, und lach dabei. Putze lachend all deine Sorgen und Ängste aus dem Kopf und mach Platz für Freude.

SORGENABBAU-LACHEN

Bilde mit den Händen eine Schale und stelle dir vor, dass du alle deine Probleme, Sorgen, Ängste und Spannungen in deine Hände fließen lässt. Lachend sammelst du alles in dieser Schale und machst sie danach zu. Lasse nun alles frei, indem du die Hände schnell öffnest und wieder schließt. Bei jedem Öffnen kommt schallendes Gelächter aus dir. Das kannst du mehrmals wiederholen, bis alle Probleme etc. hinausgelacht sind. Lass alles los! Öffne dann deine Hände und schüttle lachend den noch verbleibenden Rest ab.

Beim Lachen
werden Glücksbotenstoffe,
die sogenannten Endorphine,
freigesetzt. Sie wirken schmerz-
lindernd und stimmungsaufhellend
– fast wie
Schokolade.

LACHDENKEN

Das Reisexperiment

Der bedeutendste Wasserforscher war der japanische Wissenschaftler Masaru Emoto. Er wurde bekannt durch seine eigens entwickelte Aufnahmetechnik der Wasserkristallfotografie, mit der er nachweisen konnte, dass Wasser als sensibles Element auf Gedanken und Gefühle reagieren kann.

Dazu gibt es auch das berühmte Reisexperiment. Er füllte zwei Gläser mit identisch gekochtem Reis, denn der gekochte Reis speichert Wasser. Ein Glas beschriftete er mit „Liebe“, umhegte und pflegte es mit liebevollen Worten. Das andere Glas mit der Aufschrift „Hass“ beschimpfte er aufs wüsteste. Durch das jeweils positive oder negative Zureden wurde der Reis in seiner Denaturierung beeinflusst und reagierte unterschiedlich. Der liebevoll behandelte Reis hielt sich länger frisch als der beschimpfte Reis und ein wesentlicher weiterer Unterschied war im Geruch festzustellen.

Natürlich lässt dieses Experiment auch sehr viele Kritiker aktiv werden, doch dass alles im Universum eine Schwingung hat, ist schon längst erwiesen.
Vielleicht hast du jetzt Lust, dieses Experiment selbst auszuprobieren. Fülle ein Glas mit „Lach-und-Liebe-Reis“ und eines mit „Hass-und-Dreck-Reis“. Das erste wird von dir mehrmals liebevoll belacht, das zweite wie der letzte Dreck beschimpft. Beobachte, was passiert.

Was bedeutet das für uns Menschen? Der Mensch besteht zu ca. 70 % aus Wasser. Wenn Wasser nun „programmiert" werden kann, eine Art Intelligenz und Gefühle hat, dann sollten wir sehr vorsichtig sein, wie wir mit uns umgehen. Die Worte und Gesten, die wir tagtäglich verwenden, und mögen sie uns noch so unbedeutend vorkommen, beeinflussen unser Körperwasser.

Wie oft am Tag ärgerst du dich, runzelst du die Stirn oder lässt du einen Seufzer los? Wie oft verwendest du z. B. das Wort „Problem" oder sagst: „Schon wieder ich! Immer passiert mir das!" Wie oft schimpfst du dich selbst? Wie oft verwendest du Worte, die dir selbst oder anderen gegenüber feindlich gesinnt sind?

Wie oft lobst du dich oder andere? Bist du dankbar? Freust du dich und lachst? Verbreitest du Freude? Schenkst du anderen aufbauende Worte und ein Lächeln? Behandelst du dich selbst mit Liebe und Fürsorge?

Achte auf deine Worte und Gesten, denn sie sind die Nährstoffe deines Wassers.

An alle
Spaß-Bremsen:

Lachen ist ungefährlich.

LACHIMPULS

FREUDE-WORTE

Entscheide dich, neue Worte zu verwenden. Suche dir Worte der Freude und streiche bewusst andere aus deinem täglichen Wortschatz.
Nimm dir Zeit und reflektiere, wie du mit dir selbst sprichst. Wählst du freundliche oder unfreundliche Worte für dich? Höre in dich hinein, in welchem Tonfall sprichst du mit dir? Ist das aufbauend, liebevoll oder kritisch, herablassend? Schreib dir eine Liste, welche negativen Worte du immer wieder verwendest, vielleicht sogar täglich. Oft sind es auch Redewendungen, die wir gegen uns verwenden und womit wir uns selbst beschimpfen. Frage auch deine Familie oder deine Freunde, denn manchmal fällt es dir selbst nicht mehr auf, wenn du dich sabotierst.
Entscheide dich, diese Worte ab sofort zu ersetzen. Erneuere sie mit Hilfe eines freudvolleren Wortschatzes, eines liebevolleren Tons und eines Lächelns für dich. Wenn du anfängst, dein eigenes Leben mit Freude zu nähren, kannst du dich besser entfalten und wirst auch mehr Freude empfangen. Wenn du doch einmal wütend auf dich oder andere sein solltest, lach es dir mit deinen Lachübungen von der Seele.

LACHÜBUNGEN

LACHFINGER

Mache eine Faust und strecke deinen Zeigefinger nach oben. Tue so, als ob du jemand anderen mit dem Wedeln deines Zeigefingers lachend tadelst. Statt zu schimpfen, kannst du jetzt lachend alles rauslassen, was du gerne sagen würdest. Lache und wackle dabei wild mit deinem Finger. Statt einer Wortkaskade sprudelt jetzt nur Lachen aus deinem Mund.

WUT VON DEN SCHULTERN LACHEN

Deine rechte Hand greift zu deiner linken Schulter. Atme tief ein und beim Ausatmen streichst du fest mehrere Male über deine Schulter, als würdest du etwas von ihr wegwischen. Unterstrichen wird diese Bewegung mit lautem Lachen. Jetzt wieder tief einatmen und mit der linken Hand die rechte Schulter lachend von den Emotionen befreien. Das funktioniert auch mit beiden Schultern gleichzeitig. Wichtig ist, dir dabei vorzustellen, dass du deine Schultern von den Wutauslösern befreist. Du wischst alles weg, alles darf lachend gehen.

Lachen AKTIVIERT DIE ABWEHRKRÄFTE DEINES KÖRPERS, INDEM ES DIE ANZAHL DEINER KILLERZELLEN ERHÖHT.

Dein Immunsystem wird gestärkt!

Zwei Pillen täglich

Ein Arzt besuchte seinen Patienten im Altersheim. Ihm fiel dabei ein 96-jähriger Mann auf, der stets zufrieden und freundlich war. Eines Tages sprach ihn der Arzt darauf an und fragte nach dem Geheimnis seiner Freude. Lachend antwortete der alte Herr: „Herr Doktor, ich nehme jeden Tag zwei Pillen ein, die helfen mir!“

Verwundert schaute ihn der Arzt an und fragte: „Zwei Pillen ... nehmen Sie täglich?? Die habe ich Ihnen doch gar nicht verordnet! Welche nehmen Sie?!“

Verschmitzt antwortete der Mann: „Das können Sie auch gar nicht, Herr Doktor. Am Morgen nehme ich gleich nach dem Aufstehen die Pille „Zufriedenheit“. Und am Abend, bevor ich einschlafe, nehme ich die Pille „Dankbarkeit“. Diese beiden Arzneien haben ihre Wirkung noch nie verfehlt!“

„Das will ich ihnen gerne glauben“, meinte der Arzt. „Ihr gutes Rezept werde ich gerne weiterempfehlen. Zufriedenheit und Dankbarkeit sind Gewalten, vor denen alle finsteren Mächte weichen!“

(Hermann Bezzel)

Diese zwei Pillen gibt es in keiner Apotheke zu kaufen, doch du hast sie in deiner inneren Apotheke. Du kannst dich selbst dafür entscheiden. Es ist vielleicht manchmal nicht so einfach, sich immer wieder auf sich selbst und nicht auf das Außen zu besinnen, und vielleicht hast du auch den Wunsch, dass es leicht und schnell gehen soll. Doch bevor du jammerst, entscheide dich, die Pille der Zufriedenheit zu schlucken, indem du dir alles aufschreibst, wofür du dich wertschätzt, worauf du stolz bist.

Danach überlege weiter und schreibe dir auf, wofür du dankbar bist. Dies führt automatisch zur Freude. Du kannst auch eine Lachpille schlucken, die massiert noch zusätzlich deine inneren Organe.

Wichtig ist, dass dir bewusst ist: Du selbst bist für deine Stimmung verantwortlich! Weil du bestimmst, wie du auf das Außen reagierst.

Die Lebensspanne
ist dieselbe,
ob man sie
lachend
oder weinend
verbringt.

(Chinesische Weisheit)

LACHIMPULS

MACH PLATZ FÜR DEIN LACHEN

Entrümple deinen Kopf, damit dein Gesicht wieder Platz zum Lachen hat. Drücke die „Entf"-Taste oder, anders formuliert, trage deinen Müll raus.
Du merkst, dass zu viele Gedanken in deinem Kopf kreisen, du kannst nicht loslassen. Nimm dir kurz Zeit, schließe deine Augen und stell dir vor, du bist ein PC. Richte dir einen persönlichen Ordner für zu Entsorgendes im Kopf ein und lege gedanklich alles hinein, was dich im Moment belastet. Wenn du alles hineingegeben hast, ziehe deine Mundwinkel nach oben und dann drücke gedanklich „löschen". Lass deine Mundwinkel mindestens eine Minute lang oben. Jetzt stellst du dir ein Feuerwerk vor, das viele Smileys versprüht. Du stehst genau unter diesem Smiley-Regen und dein Körper wird von bunten, strahlenden, hüpfenden, glitzernden Smileys umhüllt. Diese bringen dir Lachen, Leichtigkeit und Freude. Atme tief ein und ganz aus, damit du alles gehen lassen kannst. Wenn es für dich passt, kannst du auch noch einen Lacher nachschicken.
Öffne jetzt deine Augen, genieße dieses Gefühl des „Löschens" und „Auftankens".

LACHPILLEN

Schlucke imaginäre Lachpillen und spüre, wie die erste Pille schon deinen Mund kitzelt und sich beim Schlucken ihre Wirkung steigert, du glucksen und kichern kannst. Wenn du sie ganz hinuntergeschluckt hast, spürst du, wie dein Bauch vor Lachen zu beben anfängt. Du kannst nicht anders, als laut loszulachen. Für ein Kichern schluck mehrere kleine Pillen oder große Pillen für ein lautes Lachen.

JAMMERLAPPEN-LACHEN

Benutze eine Hand oder beide Hände als Jammerlappen. Du gehst herum (gehen wirkt zusätzlich befreiend) und jammerst allen Ärger, alle Sorgen, all deinen Stress des Tages, der Woche etc. in deinen Jammerlappen hinein. Wenn du ausgejammert hast, stellst du dir vor, du knüllst alles Gesagte zu einem Ball zusammen und wirfst ihn mit einem befreienden Lachen aus dem Fenster. Vorher die Fenster öffnen, bringt auch frische Luft.

Lachen ermöglicht deinen Gedanken Pause, denn lachen und denken gleichzeitig funktioniert nicht. Diese Ruhezeit eröffnet **neue Perspektiven.**

LACHDENKEN

Till Eulenspiegel und der Kutscher

Till Eulenspiegel ging eines sonnigen Tages gemütlich zur nächsten Stadt. Er trug seine Sachen auf dem Rücken und erfreute sich des Weges. Da näherte sich eine Kutsche mit großem Tempo von hinten. Der Kutscher hatte es offenbar sehr eilig, die Pferde wirkten schon recht erschöpft. Der Kutscher rief: „He, du! Sag schnell, wie weit ist es bis zur nächsten Stadt?"
Till Eulenspiegel antwortete gelassen: „Wenn ihr langsam fahrt, dauert es eine halbe Stunde, wenn ihr rast, dauert es zwei Stunden!"
„Du Narr", schimpfte der Kutscher, schwang die Peitsche und trieb seine Pferde zu einem noch schnelleren Tempo an.
Till Eulenspiegel ging weiter langsam die Straße entlang, die viele Schlaglöcher hatte, und erfreute sich des Tages. Als er nach einiger Zeit um eine Kurve bog, sah er eine Kutsche im Graben liegen. Die Vorderachse war gebrochen. Fluchend und schimpfend machte sich ein Kutscher daran, die Achse zu reparieren. Es war der Kutscher, der Till Eulenspiegel vorher um den Weg gefragt hatte.
Auf den bösen Blick, den ihm der Kutscher zuwarf, meinte Till gelassen: „Ich habe doch gesagt, wenn ihr langsam fahrt, nur eine halbe Stunde!"

(Deutscher Schwank)

Willst du auch immer schneller werden, damit du vermeintlich Zeit für dich gewinnst? Schneller von A nach B, schnellere Geräte, alles noch schnell machen, schneller, schneller? Du kennst vielleicht auch „Ich geh noch schnell auf die Toilette“.

Hast du das Handy ständig bei dir, damit du noch schnell deine E-Mails checken kannst oder um zu schauen, was es Neues gibt? Bist du immer erreichbar? Du kannst online einkaufen, du hast Online-Banking, du kannst online deinen Urlaub buchen, du kannst auch schon online deinen Partner, deine Partnerin finden. Alles ganz schnell und nebenbei, alles eine Zeitersparnis. Du tust und tust und merkst nicht, wie schnell die Zeit vergeht und wie dich dieses „schnell“ innerlich kaputt macht.

Nimm dir Zeit, um nicht auf die Uhr zu schauen, sondern einfach mal zu machen, mit all deiner Aufmerksamkeit – oder eben nichts zu machen und nur zu sitzen, zu lächeln und in die Luft zu schauen. Das ist gar nicht so einfach.

Lachen ist
eine körperliche
Übung von
großem Wert
für die
Gesundheit.

(Aristoteles)

LACHIMPULS

Lachpause

Unser Körper macht automatisch Pausen. Zwischen den Atemzügen gibt es eine kurze Pause, auch das Herz macht zwischen den Herzschlägen eine kurze Pause. Nimm du dir ebenfalls immer wieder Zeit, um tief durchzuatmen und eine Lachpause einzulegen.

Wenn du nicht allein bist, dann gehe auf die Toilette oder in einen anderen Raum und mach z. B. das Wackelpudding-Lachen. Es entspannt sofort deine Kiefermuskulatur und dein ganzer Körper wird durchgeschüttelt. Suche dir schon im Vorfeld eine Lieblingslachübung, mit dieser kannst du dann am schnellsten lachen, wenn du es brauchst.

Lachen wirkt auf das vegetative Nervensystem, es entspannt und entschleunigt und die tiefe Atmung bringt dich wieder ins Gleichgewicht. Du nimmst den Fuß vom Gaspedal, du entspannst und bist gleichzeitig energiegeladen.

WACKELPUDDING-LACHEN

Wackle wie ein Wackelpudding und lache und kichere dabei. Schüttle deinen ganzen Körper durch. Du fängst an, deine Zehen zu bewegen, deine Knie werden ganz weich und beweglich. Du schüttelst deinen Oberkörper durch, lässt deine Hüften kreisen, lockerst deine Schultern und schwingst deine Arme, lässt deine Hände kreisen und spürst, wie dein Lachen durch den ganzen Körper wandert und von innen her deinen Körper kitzelt. Bewege den Kopf leicht hin und her und schneide lachende Grimassen.

UHRZEIT-LACHEN

Schau bewusst auf deine Uhr oder auf die Uhrzeit auf deinem Handy und lache. Lache ganz bewusst die Zeit an. Gedanklich kannst du es unterstreichen mit „Ah, wieder Zeit zum Lachen". Wenn du das einige Male übst, kannst du es dir auch zur Aufgabe machen, bei jedem Blick auf die Uhr oder das Handy zu lachen, zu lächeln oder zu schmunzeln.

Lachen

IST DIE KÜRZESTE VERBINDUNG
ZWISCHEN ZWEI MENSCHEN.

**Es baut Brücken und
lässt das Eis schmelzen.**

LACHDENKEN

METAPHER VON DEN ZWEI WÖLFEN

Ein alter weiser Indianer sitzt mit seiner Familie, darunter auch sein Enkelsohn, beim Lagerfeuer und redet über das Leben, über die Sorgen, die Freude und die Herausforderungen, die einem das Leben stellt. Zur Veranschaulichung erzählt er die Geschichte von den zwei Wölfen, die in seinem Inneren wohnen und immer wieder einen Kampf führen.
Der eine Wolf ist böse. Er ist gierig und neidisch, manchmal wütend. Er verkörpert den Hass, die Gier, die Wut und den Zorn, die Rücksichtslosigkeit die Ignoranz, aber auch die Arroganz, das Selbstmitleid und die Opferhaltung, Lügen und vor allem das Ego.
Der andere Wolf ist gut. Er steht für die Liebe, das Mitgefühl, das Miteinander, die Hilfe, die Leichtigkeit und Gelassenheit, Großzügigkeit, Heiterkeit und Freude.
Der Enkel hört gespannt zu, überlegt eine Zeitlang und fragt dann: „Großvater, welcher Wolf ist stärker und gewinnt den Kampf?"
Der alte Indianer schaut seinen Enkel bedeutungsvoll an und antwortet: „Es gewinnt der Wolf, den ich füttere!"

(Quelle unbekannt)

Welchen Wolf möchtest du füttern?
Welchen Wolf fütterst du gerade?

LACHIMPULS

LACHENDE UMGEBUNG

Schaffe dir eine lachende Umgebung und fokussiere so deine Gedanken auf das Lachen, denn verschiedene Gedanken können nie gleichzeitig denselben Raum beanspruchen. Deshalb gib dem Lachen Raum, dann werden die negativen Gedanken geschwächt und die positiven Gefühle gestärkt. Denn Gefühle folgen den Gedanken.

Bring an deinem Arbeitsplatz, aber auch zu Hause etwas an, das dich aufheitert. Das kann ein Smiley sein, ein Zitat, ein Spruch oder ein wunderbares Bild, das dich zum Lachen beziehungsweise zum Lächeln bringt. Etwas, das deine gute Laune fördert – deinen Lach-Anker, der immer gut sichtbar ist. Du siehst ihn unbewusst öfters am Tag, schon dies allein hebt deine Stimmung.

In Notsituationen: Wenn du merkst, dass du gestresst oder verärgert bist, dass dir alles zu viel wird, dass Emotionen wie vielleicht Wut oder Angst aufkommen, dann mach kurz eine Pause, atme tief aus und ein und betrachte ganz bewusst deinen Anker. Lass ihn wirken und hole dir dein Lächeln zurück!

Herz-Öffnen-Lachen

Lege deine Hände auf die Brust, so dass sich die Finger in der Brustmitte treffen. Atme tief ein und beim Ausatmen streichst du mit deinen Fingern nach außen, unterstützt von einem herzhaften hahaha. Dann öffnest du deine Arme und hebst sie in Richtung Himmel. Ziehe die Schultern ganz leicht nach hinten, so kann sich dein Brustraum öffnen. Neige den Kopf ein wenig nach hinten und schicke dein Lachen in den Himmel. Beim Einatmen die Finger wieder auf die Brustmitte legen und beim Lachen nach außen streichen, als würdest du damit dein Herz öffnen. Mehrmals wiederholen.

Lach-es-weg-Lachen

Schimpfst oder lachst du? Du hast die Wahl.

Stell dir vor, deine Handinnenfläche ist eine Rechnung, ein Schreiben oder eine E-Mail, die dich aufregt, ein Strafmandat oder „ein Problem“. Zeige mit dem Zeigefinger der anderen Hand auf die Handfläche und lache über das, was du hier liest und siehst. Lies es nochmals und schicke ein weiteres Lachen nach, so oft, bis du merkst, dass der Ärger verflogen ist und deine Emotionen zur Ruhe kommen.

Lachen aktiviert
dein Glückslabor zwischen deinen
Ohren. Es setzt dabei Glückshormone
frei und gleichzeitig werden deine
Stresshormone reduziert.
Du fühlst dich besser
und leichter.

LACHDENKEN

STELL DIR VOR, DU GEWINNST FOLGENDEN PREIS

Du bekommst jeden Tag morgens auf dein Bankkonto genau 86.400 Euro. Du darfst das ganze Geld ausgeben, verprassen, verschenken … du darfst es dir gut gehen lassen, allein oder mit Freunden, einfach genießen. Einzige Bedingung: Du kannst das Geld nicht anlegen oder ansparen. Alles Geld, das du am Abend noch übrig hast, verschwindet, horten gibt es nicht. Und du weißt nicht, wann die Überweisungen enden.
Am nächsten Tag wiederholt sich alles. Wieder bekommst du 86.400 Euro. Tag um Tag aufs Neue. Was würdest du tun? Du würdest es dir bestimmt gut gehen lassen und es nützen, nicht?
Dieses Spiel ist Wirklichkeit.
Jeden Tag bekommst du 86.400 Sekunden vom Leben geschenkt. Du weißt nie, für wie lange noch. Nütze dieses Geschenk, um dich und andere glücklich zu machen, um in Fülle und Genuss zu leben und stecke mit deiner Lebensfreude auch deine Mitmenschen an.

(Nach Marc Levy)

Wir alle erleben unsichere Zeiten, machen Erfahrungen, die uns auf die Stimmung drücken und uns manchmal lange gefangen halten. Doch erinnere dich immer daran, deine Zeit so zu nutzen, dass es dir gut geht. Wir haben vielleicht schlechte Tage, doch deswegen ist nicht das ganze Leben schlecht.

Achte jeden Tag darauf, dass du etwas tun kannst, das dich glücklich macht, und genieße es. Vielleicht denkst du jetzt an große Aktionen oder „Wenn ich das erreicht habe, bin ich glücklich". Deine Gedanken zeigen dir jetzt gerade die Einschränkungen auf, denen du momentan ausgesetzt bist.

Doch es sind die kleinen Momente, die täglichen Kleinigkeiten, wie eine gute Tasse Tee oder Kaffee in Ruhe zu trinken, ein schönes Lied zu hören, inspirierende Zeilen zu lesen, ein Lächeln geschenkt zu bekommen, ein nettes Wort zu verschenken, ein Kompliment zu empfangen, jemand anderen zu loben. Das sind die minimalen Handlungen, die nichts kosten und dich reich machen, da sie dich von innen her auffüllen und dein Herz nähren. Du weißt nicht, was morgen ist, deswegen nütze heute jeden Moment. Fang gleich damit an und lass dein Herz lachen!

Man will wissen,
dass im
ganzen Lande
seit 500 Jahren
niemand vor Freude
gestorben wäre.

(Georg Christoph Lichtenberg)

LACHIMPULS

LACHSCHATZKISTE

Mach dir eine Lachschatzkiste oder auch Lachschutzkiste für die Krise. Suche dir eine schöne, bunte, für dich ansprechende Box oder Schatulle, deiner Fantasie sind keine Grenzen gesetzt. Fülle deine Kiste mit positiven Dingen, die in dir ein wohltuendes Gefühl hervorzaubern.

Mit lustigen Geschichten, die du erlebt hast oder die dir gefallen. Mit Erinnerungsstücken, die dich ans Lachen erinnern, die dich aufheitern. Vielleicht entscheidest du dich für ein Andenken, das dir Mut gibt und die Kraft hat, deine Ängste zu beruhigen, das eine entspannende Wirkung auf dich hat. Eine Erinnerung, die dich stolz macht. Fotos, Karten, Souvenirs, Steine, Muscheln, Bierdeckeln, Servietten, Smileys, egal was. Wichtig ist die positive Wirkung auf dich. Diese Kiste, gefüllt mit vielen wunderbaren mentalen Ankern, erinnert dich, dass das Leben schön und sonnig ist.

Du hast damit einen Schatz, um dein Lächeln im Herzen wiederzubeleben und dir selbst deinen Tag zu erhellen. Lass dein Lächeln, deine Liebe und dein Licht scheinen!

LACHÜBUNG

ANERKENNUNGSLACHEN

Stärke deinen Selbstwert und mach dir bewusst, wie großartig du bist. Je öfter du die Übung machst, umso besser!

Gib deine rechte Hand auf die linke Schulter und deine linke Hand auf die rechte Schulter. Dann klopf dir wertschätzend auf die Schultern, lächle und umarme dich selbst!

Dabei lobst du dich lautstark: „SUPER! Du bist wunderbar, brillant gemacht! Du bist fantastisch! Du bist grandios! Du bist exzellent!“... Lobe dich und lächle dabei!

Ja, du lobst dich selbst und schüttest gleichzeitig eine Ladung Glückshormone aus. Spür ganz bewusst das Glücksgefühl, das sich in deinem Körper ausbreitet. Bemerkst du Widerstände in dir, kommst du dir komisch dabei vor? Halte es aus und lobe dich weiter aus tiefstem Herzen. Spüre, wie dein Herz dadurch immer mehr aufgeht.

Du bist dein größter Schatz!

WARTEST DU NOCH
AUF DAS *Lachen?*

DU KANNST WARTEN, DASS ETWAS LUSTIGES PASSIERT, ODER AKTIV ETWAS UNTERNEHMEN, UM ZU LACHEN. ODER DU BEGINNST EINFACH

ohne Grund zu lachen!

Jeder Tag ist ein Lach-Tag und es gibt noch weitere besondere Tage:

WELTKNUDDELTAG: 21. Jänner

TAG DES HERZHAFTEN LACHENS: 24. Jänner

TAG DER KOMPLIMENTE: 1. März

LASS-UNS-LACHEN-TAG: 19. März

WELTGLÜCKSTAG: 20. März

MOMENTE-DES-LACHENS-TAG: 14. April

WELTLACHTAG : 1. Sonntag im Mai

TAG DER MACHT DES LÄCHELNS: 15. Juni

TAG DER SCHOKOLADE: 7. Juli

TAG DER FREUDE: 24. Juli

TAG DES FRIEDENS: 21. September

INTERNATIONALER TAG DES LÄCHELNS: 1. Freitag im Oktober

TAG DER TOLERANZ: 16. November

Wissenswertes übers Lachen

Gelotologie

Die Gelotologie ist die Wissenschaft vom Lachen und wurde in den späten 60er-Jahren von Dr. William F. Fry (Psychiater, Stanford Universität, Kalifornien) begründet. Er begann, die physiologischen Auswirkungen des Lachens zu erforschen. Er zeigte, dass herzhaftes Lachen die wichtigsten Systeme unseres Körpers stimuliert. Eine seiner Studien belegt, dass 20 Sekunden intensives Lachen, auch wenn es vorgetäuscht wird, die Herzfrequenz ca. 3 bis 5 Minuten lang verdoppeln kann wie nach einem Fitness-Training. Dabei wird der Körper besser durchblutet. Dr. Fry bewies dadurch, dass herzhaftes Lachen eine gute Übung darstellt, welche die Wahrscheinlichkeit verringert, an Atemwegsinfekten zu erkranken. Die noch eher junge Forschungsdisziplin kann messbare und gute Ergebnisse vorweisen.

Lachyoga

Lachyoga hat seinen Ursprung in Mumbai, Indien. Es wurde 1995 vom indischen Arzt Dr. Madan Kataria und seiner Frau Madhuri in einem Park mit drei weiteren Teilnehmern ins Leben gerufen.
Dabei handelt es sich um Lachen ohne Grund – ein Lachen als Körperübung, mit dem jeder Mensch ohne Grund lachen kann. Dazu braucht es keinen Humor, keine Witze und keine Komödie. Von der traditionellen indischen Yogalehre wurden vorrangig die Atemtechniken übernommen.
Das Training findet in Gruppen statt, die Teilnehmerinnen und Teilnehmer machen dabei Lachübungen, die an kindliche Spiele

erinnern. Durch diese Übungen werden die positiven Auswirkungen des Lachens auf Körper und Geist genutzt, da der Körper nicht zwischen simuliertem und echtem Lachen unterscheiden kann und wir bei beidem die gleichen physiologischen und psychologischen Vorteile haben. Das anfangs willkürliche Lachen geht in der Regel sehr rasch in ein spontanes, herzliches Lachen über.

Viele Übungen aus dem Lachyoga können jedoch auch allein durchgeführt werden, um die positiven Auswirkungen zu genießen.

Inzwischen gibt es weltweit in mehr als 100 Ländern Lachclubs, die Lachyoga organisieren. Die jüngsten Entwicklungen haben es mit sich gebracht, dass es auch schon viele Angebote online via Skype oder Zoom gibt.

Weltlachtag

Der Weltlachtag ist ein Tag, der weltweit jährlich am ersten Sonntag im Mai gefeiert wird. Er wurde 1998 von Madan Kataria ins Leben gerufen.

Das Feiern des Weltlachtags soll ein Zeichen für den Weltfrieden setzen und an ein globales Bewusstsein der Gesundheit, des Glücks und des Friedens durch das Lachen erinnern.

Das erste Weltlachtag-Treffen fand am 11. Januar 1998 im indischen Mumbai statt. Damals trafen sich tausende Mitglieder aus lokalen und internationalen Lachclubs.

Smiley

Entstanden ist der Smiley im Auftrag für eine Werbekampagne einer Versicherung. Ziel war es, die Mitarbeiter der Versicherung zu motivieren und vor allem auch fröhlicher zu machen. Erschaffen wurde das lachende gelbe Gesicht vom amerikanischen Grafiker Harvey Bell (1921–2001) im Jahr 1963 mit seinem Entwurf eines schwarz-gelben Smileys.

Durch diesen Entwurf entstand ein Symbol, das weltweit Lachen, Freude und Heiterkeit symbolisiert.

Danksagung

Ich danke meiner lieben Familie, besonders meinen Töchtern Nadine und Victoria.

Dieses Buch zu schreiben hat seine Wurzeln in zahlreichen Gesprächen, Erlebnissen und Lachmomenten, die ich mit vielen lieben Menschen erleben durfte. Die Emotionen, die ich bei den Lachseminaren selbst spüren durfte, prägen dieses Buch. Ebenso der positive Gedankenaustausch und das Feedback über das Lachen mit meinen Seminarteilnehmer(inne)n. Denkanstöße aus Seminaren, die mich wachsen ließen, haben mich bereichert. Angeregte Gespräche über das Lachen mit meinen Kundinnen und Kunden aus der Apotheke ebenso wie gesammelte Anregungen aus Zeitungen oder Zeitschriften sind in mein Schreiben eingeflossen.

Das Buch ist ein Sammelsurium an Impulsen von freundschaftlichen Wegbegleitern, aber auch Leuten, die mich auf meinem Lebensweg herausgefordert haben und mich so wachsen ließen. Es beinhaltet Inspirationen, nicht nur aus Büchern über das Lachen, sondern auch aus der positiven Psychologie und der Gehirnforschung, Lebensgeschichten, Gedanken über das Glück und noch so viel mehr, sodass ich keine Literaturempfehlungen geben könnte ohne das Gefühl, jemand vergessen oder benachteiligt zu haben.
Danke an alle!

Über die Autorin

Nina Fuchs lebt mit ihrer Familie in Wien und ist Magistra der Pharmazie, seit 1995 Apothekerin und seit 2006 Eigentümerin der Cottage Apotheke – von ihr Lach Apotheke© genannt. Um die Leute beim Einnehmen ihrer Nahrungsergänzungsmittel an das Lachen zu erinnern, hat sie die LachVitalstoffe für Körper und Seele entwickelt. Nina Fuchs ist seit Jahrzehnten mit Schwerpunkt Stress und Gesundheitsmanagement im Trainingsbereich und als Vortragende tätig, Lach-Impulsgeberin und Gründerin des Lachzentrums Wien.

www.lachapotheke.at
www.nina-fuchs.com

Ein Lachanfall
mit geliebten
Menschen
ist Gold wert.